MÉDITATIONS

ET

CARACTÈRES

VERSAILLES. — IMPRIMERIE DE E. AUBERT

6, Avenue de Sceaux, 6

MÉDITATIONS

ET

CARACTÈRES

(1871-1872)

PAR

Édouard BRICON

SUIVIS DE

MAXIMES ET PENSÉES

TIRÉES DES LIVRES SACRÉS ET PROFANES

VERSAILLES

IMPRIMERIE DE E. AUBERT

6, avenue de Sceaux, 6

Janvier 1873

MÉDITATIONS

ET

CARACTÈRES

MAI 1871

La lutte entre le bien et le mal, la liberté et l'oppression, l'opulence et la misère, sera-t-elle éternelle? N'y a-t-il pas un point d'union entre ces contrastes? Cette union, si elle était intime, serait la perfection dans la fraternité, mot nouveau qui a été donné à la charité chrétienne, à l'amour dérivant de Dieu. Mais la perfection, qui est l'aspiration de l'humanité, n'est pas de ce monde. Il y a certes moins d'inégalité dans la vie humaine aujourd'hui qu'autrefois, et cette inégalité sera moins grande encore dans l'avenir, mais elle ne peut disparaître : pourquoi ? parce qu'elle dépend des hommes, que lors même qu'elle cesserait d'être un jour, elle renaîtrait bientôt au souffle des passions égoïstes et déréglées de la terre.

A ces passions il faut un frein, et ce n'est que lorsqu'elles sont contenues par une main ferme que le progrès se régularise. De là, nécessité, non du pouvoir et de la servitude, mais d'une puissance régulatrice qui maintient l'ordre indispensable à l'existence des sociétés.

Cependant les passions sont nécessaires, ce sont elles qui donnent le mouvement et la vie, sans elles le monde serait imperfectible, et le peuple croupirait dans une ignorance et une misère invincibles. Ce sont elles qui, par les secousses périodiques qu'elles impriment à la terre, en font sortir le progrès. Mais, je l'ai déjà dit, elles sont impuissantes à le régulariser, et quand l'agitation qui vient des passions dure au-delà des nécessités qui l'on fait naître, loin de suivre la voie du progrès, l'humanité rétrograde.

On a dit : la liberté c'est le droit, la fraternité c'est le devoir ; j'ajouterai, l'égalité c'est l'impossible. Impossible non-seulement à cause des imperfections humaines, mais parce que soit chez les êtres agissant d'eux-mêmes, soit dans les choses inertes par nature, rien d'égal n'est sorti des mains du Créateur, et Dieu seul de cette inégalité pouvait former l'inaltérable harmonie de l'univers.

Il n'en faut pas conclure qu'on doit renoncer à un labeur qui n'est pas absolument impuissant, car on peut rendre moins grandes les distances qui séparent les conditions diverses de l'existence ; on peut obtenir l'égalité absolue devant la loi ; une égalité relative par l'éducation, le reste ne peut-être que l'œuvre de la fraternité.

L'homme, toujours perfectible, est d'autant plus parfait qu'il se rapproche davantage de la divinité, perfection unique et suprême qui a posé les limites inconnues de celle de l'homme et qu'il ne peut atteindre en ce monde. C'est pourquoi la vie est un bien, malgré ses innombrables misères, car c'est d'elle que dérive la mort, et c'est par la mort que l'homme arrive à son dernier degré de perfection, à une existence inaltérable, infinie, dont les félicités constantes découlent d'un Dieu qui est l'amour le plus pur.

JUIN 1871

On a la liberté sans l'égalité; il n'y a pas d'égalité sans liberté.

Celui qui sacrifie sa volonté, sa liberté, qui obéit aveuglément et qui, en échange de sa soumission reçoit les choses nécessaires aux besoins de l'existence, est semblable à la brute qui en échange du joug du maître en reçoit sa subsistance.

Réfléchit-on sérieusement lorsqu'on dit que les hommes sont affranchis quand tous participent à la loi ?

Comment peuvent-ils tous participer à la loi, si ce n'est par représentation ? Or, prenons la commune pour exemple : s'il y a cinq cents votants, que trois cents pensent d'une manière et deux cents d'une autre, les représentants des cinq cents seront pris dans les trois cents, et leur décision sera la loi de tous. Qu'on ne dise donc pas que l'homme peut jouir d'un affranchissement complet : il sera toujours soumis à la servitude plus ou moins grande de la force. Mais il vaut mieux que cette force soit aux mains du plus grand nombre que d'être le partage de quelques privilégiés. Il est de l'intérêt général, il est juste que ceux qui font la loi représentent la majorité de ceux qui doivent la subir.

———

On ne ment pas à Dieu. Etes-vous orgueilleux en voulant paraître humble, vous serez amené à l'humilité ; amassez-vous des trésors ayant fait vœu de pauvreté, vous serez amené à la pauvreté, vous souffrirez dans votre orgueil et dans vos biens. Mais si vous avez réellement l'esprit d'humilité et de pauvreté, vous êtes bien près de la perfection.

Cependant, sans être parfait, on peut avoir au fond du cœur, malgré quelques égarements d'esprit, l'amour de Dieu et du prochain qui sont des biens impérissables.

Celui qui aime Dieu est indulgent pour les hommes. Charité, fraternité, c'est amour, et c'est de l'amour que naissent toutes les vertus.

Le peuple a conquis son affranchissement, sa puissance politique, par le vote universel, et dans un temps plus ou moins éloigné il en sortira nécessairement son bien-être, sa liberté, la plénitude de ses droits inséparables de ses devoirs. Devoirs trop nombreux pour être développés dans cet aperçu : devoirs envers Dieu, devoirs envers les hommes, devoirs envers la famille, devoirs envers la société. De ces devoirs découle la charité. Ce n'est qu'en les observant qu'on peut être bon fils, bon époux, bon père, bon citoyen.

Où vous trouverez plus d'indulgence, là sera la meilleure religion, le meilleur gouvernement, le meilleur homme.

Les hommes qui se livrent à la politique, au lieu de voir les choses comme elles sont, les voient généralement comme ils les désirent.

On doit se soumettre à la majorité. L'erreur de

tous est moins présumable et dure moins longtemps que l'erreur individuelle.

Quand le pouvoir, au lieu d'appartenir au peuple, est aux mains de la populace, la force est nécessaire pour rétablir l'ordre indispensable à la liberté.

JUILLET 1871

Le bonheur universel est une illusion, la fraternité universelle une généreuse erreur. Pour l'homme de parti, la fraternité est quelquefois une hypocrisie du cœur, la générosité un mensonge. Dans les partis, après les ambitieux, gens généralement sans foi et sans honneur, viennent les dupes, les envieux, les déclassés, tous ceux qui subissent le joug de honteuses et basses passions.

L'homme politique a souvent à gémir non-seulement sur ses propres infortunes, mais encore sur la part qu'il a prise à la ruine d'autrui.

Heureux celui qui est mû par un sincère amour

de l'humanité! Il aura la récompense de ses œuvres dans la paix de l'âme, dans l'approbation de sa conscience. Il ne cherchera pas, sous le prétexte du bonheur d'autrui, la satisfaction d'une ambition prête à immoler tout ce qui lui est obstacle. Opprimé, on réclame la liberté; libre, on opprime les autres.

L'homme de bien cherche à être utile, non-seulement à ceux qui l'aiment, mais encore à ceux qui le haïssent. C'est en pardonnant à ceux qui ne le pardonnent pas qu'il leur est supérieur.

Plus je lis les Évangiles, moins je trouve dans la doctrine de Notre Seigneur Jésus-Christ apparence d'un culte extérieur : sa loi, c'est aimer Dieu et les hommes; la pratique, c'est d'exercer la charité envers le prochain; rien par les paroles et par le culte, tout par les œuvres.

Nous sommes tous enfants d'un Dieu bon qui habite en nous aussi longtemps que nous résistons à l'esprit malin dont les voies pour arriver à nous sont les passions qui, selon que nous les domptons ou qu'elles nous rendent esclaves, nous mettent au rang des enfants de Dieu, nous affranchissent de toute servitude ou nous placent sous la domination de l'esprit méchant.

Je n'ai pas, dans l'Évangile, à approfondir le dogme, mais la morale me charme, me séduit, m'entraîne. Je voudrais en faire une conception humaine, mais il s'en échappe un souffle divin qui dompte ma raison.

La mansuétude, la candeur du génie, la vie, la mort du Christ, ont quelque chose de surhumain, et je sens que ce n'est pas en raisonnant, mais en aimant qu'on est heureux. Rien de grand, et surtout rien de bon ne se fait sans amour. L'amour suffit à Dieu, le culte n'est rien sans lui. Que cet amour que je sens au fond de mon âme, ignoré des hommes, s'épanche en secret au sein du père; qu'il soit, ô mon Dieu! ma force en ce monde, et ma joie dans l'éternité.

AOUT 1871

Il faut s'isoler des hommes qui se réunissent par ambition ou par passion, dont le but secret ou avoué est la transformation sociale ; transformation qui ne peut être que l'œuvre du temps, et qu'il n'est pas en notre pouvoir de hâter ou de retarder d'un jour.

Il ne faut pas, pour un peu de bruit, pour une haine aveugle, une vengeance atroce ou stupide, perdre le repos de la vie. Les agitateurs n'ont jamais fait le bonheur des autres, ni même le leur; un peu d'encens les enivre, une fausse gloire les tue. Il faut être indulgent pour tous les partis, mais il ne faut pas sacrifier la paix de l'âme à une opinion, ni user sa vie à la recherche ou à l'application de vaines théories. Le bonheur de quelques-uns, c'est beaucoup, c'est assez... le bonheur de quelques-uns entrepris par tous serait certainement ce qui rapprocherait plus de la félicité universelle.

Le tyran du jour est souvent l'esclave du lendemain; et cependant les vainqueurs frappent aveuglément les vaincus.

L'intelligence d'un seul suffira-t-elle toujours à la puissance?

Le pouvoir de tous est-il à jamais condamné à périr par ses excès?

Le vote universel est le droit, mais il n'est pas toujours la raison.

C'est un devoir, en politique, de réfléchir pro-
fondément sur les conséquences prochaines ou éloi-
gnées de ses actes.

Selon qu'on partage ou qu'on est opposé à nos opi-
nions, nous sommes trop indulgents ou trop sévères.

M. Jules Favre a eu des faiblesses de cœur que je
suis loin d'approuver, mais elles n'ont pas été sans
expiation, il en a beaucoup souffert. Les hommes
les lui pardonneront sans les oublier; il n'y a que
Dieu qui oublie en pardonnant. Quant à son accu-
sateur, c'est un Judas haineux qui méritait les sévé-
rités de la justice.

Les républicains ont M. Thiers en horreur : c'est à
lui cependant qu'on devra la république, si elle est
possible en France.

A chaque âge, à chaque génération même, il y a
un changement moral qui entraîne à sa suite un
changement matériel. Ces changements arrivent par
un mouvement lent, aperçu seulement des esprits
réfléchis. Ce mouvement, presque toujours progres-
sif, n'a d'autre écueil que sa précipitation. Si l'on veut

qu'un arbre nouvellement planté produise de suite les fruits qu'il doit donner plus tard, on le fait périr.

Méfions-nous des beaux parleurs ambitieux. Méfions-nous des rêveurs éveillés qui veulent, pour la terre, les vertus du ciel, pour les hommes le gouvernement des anges.

N'oublions pas qu'il n'y a rien de plus moralisateur que le travail, c'est lui qui donne la dignité et l'indépendance.

L'homme ne sait que ce qu'il apprend. Plus et mieux on sait, plus on est utile à soi et aux autres. Si le temps nous manque pour nous instruire, ne sachons qu'une chose, mais sachons-la bien. Si quelquefois le génie supplée à la science, ainsi que l'instinct et l'aptitude, il a besoin de l'étude.

SEPTEMBRE 1871

Le droit divin est le droit de s'imposer.
Henri IV était roi de France
Et par droit de conquête, et par droit de naissance.

Son droit subsistait en dehors de la volonté de la nation, il l'avait avant de monter sur le trône, de même qu'étant roi.

Un droit moral ne dépend ni du nombre, ni de la force.

Henri V ne veut régner que rappelé par le peuple. Ne voit-il pas que l'alliance avec le droit divin et le droit du peuple est impossible?

La royauté, et surtout celle du droit divin, implique une certaine durée dans les institutions; le vote universel est sujet à des changements périodiques qui le rendent incompatible avec la royauté.

Qu'Henri V, s'il le peut, règne en vertu d'un droit imprescriptible; mais l'appel au peuple est la renonciation à ce droit : donner au peuple le droit d'élire, c'est lui reconnaître le droit de renverser.

La monarchie s'établit par la conquête, par la ruse, par le crime, quelquefois par une minorité turbulente. Elle se légitimise par ses bienfaits, par le génie, par la gloire, par l'onction d'un pontife, et surtout par le temps. Mais à quelle époque le temps donne-t-il le droit d'une race à une autre race? Si un descendant des Stuarts vivait, ne serait-il pas autant légitime que la reine d'Angleterre? Oui, s'il

invoquait le droit divin; non, s'il se renfermait dans le droit du peuple.

Le mandataire ne peut avoir qu'une puissance égale à celle du mandant. Si une génération n'est point engagée par celles qui l'ont précédée, elle ne peut engager celles de l'avenir.

Avec le vote universel, celui qui s'abstient se soumet tacitement aux décisions de la majorité des votants. Nul n'a le droit de s'insurger contre la loi si elle est légitime, c'est-à-dire si elle est l'œuvre de la volonté librement exprimée de la majorité du peuple, ni contre le pouvoir exécuteur de la loi.

Les assemblées primaires et les états-généraux, convoqués par ordonnance royale, étaient appelés pour voter des impôts, quelquefois pour légitimer une usurpation. Les féodaux possédant la terre et ayant droit de justice, le peuple était facilement, malgré sa misère, contenu dans l'obéissance.

La royauté d'ailleurs, étant de droit divin, était inattaquable, et les seigneurs bardés de fer ou renfermés dans leurs châteaux-forts n'avaient rien à craindre de la plèbe.

Les encyclopédistes, en affaiblissant le respect de Dieu, détruisirent le prestige des rois; et la division de la terre, plus encore que les lois, fut l'affranchissement des peuples.

Depuis 89, ce n'est pas la république, mais la monarchie qui est devenue impossible : Louis XVI, l'Empire, Charles X, Louis-Philippe, le second Empire, en sont une preuve surabondante.

Quatorze siècles de royauté ne démontrent ni son droit, ni sa nécessité : les siècles du paganisme ne prouvent pas sa supériorité sur le christianisme, la longue durée d'une erreur n'est pas une raison contre la vérité.

Le vote restreint n'implique pas la république; les censitaires tenant leur privilége du roi ont intérêt à soutenir la royauté. Mais si le vote universel est le droit du peuple, de nature variable, il ne peut s'harmoniser qu'avec la république.

NOVEMBRE 1871

Les peuples ne vivent pas sans croyance. On ne fonde rien sur une négation, et l'athéisme n'est que cela : il n'a qu'une puissance destructive.

La matière se transforme, mais elle n'est pas incréée. Les harmonies de l'univers sont une preuve de la puissance du Créateur. Après examen de tous les systèmes sur le principe, sur l'origine des êtres et des choses, quoique incompris de la raison, elle nous ramène forcément à Dieu. — Dieu se révèle plus au cœur qu'à l'esprit, mais s'il est un mystère, l'univers sans lui en serait un plus grand.

Le fanatisme est une exagération de la foi. Le fanatisme révolutionnaire n'est pas moins à redouter que le fanatisme religieux.

Les religions diffèrent dans leurs dogmes, mais toutes ont Dieu pour principe et la morale pour conséquence.

Le bourgeois n'est qu'un ouvrier parvenu. La bourgeoisie est le but, l'espérance, le bâton de maréchal du travailleur. L'ouvrier est le producteur, le bourgeois le consommateur, ils sont nécessaires l'un à l'autre. — Sans la propriété, sans la famille, bases essentielles de la société, il n'y a que misère et barbarie.

DÉCEMBRE 1871

Il faut accepter les choses comme elles sont. Le patriotisme, comme tout ce qui est vertu, impose sacrifices et devoirs. Je ne redoute pas les extrêmes : droits féodaux ou communisme, c'est tout simplement l'impossible. Les premiers, parce qu'ils sont à l'antipode des institutions et des mœurs actuelles ; le communisme, parce que sa tige inféconde ne peut germer qu'au sein de la barbarie, quoiqu'ayant la puissance d'égarer et d'agiter les peuples d'une civilisation incomplète.

JANVIER 1872

Il est à craindre que la fraternité, qui ne peut naître que du rapprochement, que de l'union des classes, se fasse longtemps attendre. Triste temps que celui où les hommes de bonne foi ne peuvent s'entendre, où chacun croit que la vérité n'est que dans son parti, où l'on doute où est la justice ; où tout est discutable et discuté, et où, par suite, il n'y a de droit et d'autorité que la force. Il n'y a de stabilité possible que par l'ordre dans la révolution, c'est-à-dire par l'ordre avec l'application des principes de 89 : rien de plus, rien de moins.

La puissance était autrefois dans la noblesse et le clergé ; de là elle a passé dans la bourgeoisie, maintnant elle est dans le peuple, et l'on ne fera rien de stable sans lui. Il est la force, il est le nombre ; il cst aussi la révolution, et s'il peut devenir l'ordre, rien n'ébranlera sa puissance.

La lutte est entre la foi qui obéit et la raison qui discute : la première est le passé, l'autre l'avenir.

MARS 1872

Vaincu, le vieux monde a parfois des velléités de révolte. — S'il ressaisissait le pouvoir, il n'aurait qu'une puissance éphémère. Traçons une voie au torrent qui marche avec le temps, mais n'opposons pas une digue impuissante au flot qui monte sans cesse.

Il faut, dans ce monde, beaucoup de patience, beaucoup de résignation, car il abonde en souffrances et en contrariétés. Plus on avance dans la vie, plus on voit combien sont trompeurs les rêves et les espérances de la jeunesse.

Si l'on veut conserver sa liberté, on ne doit s'affilier à aucune société, il faut surtout se garder de celles qui n'ont que le fer et le feu comme moyens de civilisation.

La gloire d'une nation n'est pas dans des ruines : on n'y trouve que quelques traces de ses grandeurs évanouies.

A Versailles, l'ennemi a tout respecté, et des Français ont incendié Paris!!! Puisse le temps effacer le souvenir et la honte de ce forfait !

Il y a des amertumes pour les agitateurs de tous les partis : le bonheur n'est pas dans la politique. Il faut le chercher dans le travail, dans les affections de famille, dans l'accomplissement du devoir. Le devoir est rarement dans la révolte, mais souvent dans la soumission aux lois.

Il est dur d'avouer qu'on s'est trompé, mais il est insensé de persister dans une erreur.

La conscience n'est satisfaite qu'autant qu'on a employé sa vie à faire le bien. Etre utile dans le présent et dans l'avenir devrait être notre principale préoccupation.

Il faut faire le bien, il faut aimer les hommes, non à cause de leurs vertus, mais malgré leurs défauts.

NOVEMBRE 1872

Le monarchie, qu'à Bordeaux et après la Commune on n'a pas osé proclamer, est impossible aujourd'hui. L'acceptera-t-on plus tard ? C'est le secret
de Dieu.

La plupart des hommes d'ordre qui, après la Commune, étaient convaincus que la république était
impossible en France, sont persuadés, après deux
ans d'expérience, qu'elle leur donne autant de sécu-
rité et des garanties plus certaines de durée que la
monarchie. S'ils ont au fond du cœur des affections,
des penchants contraires à la république, ils en font
le sacrifice non-seulement à leurs intérêts propres,
mais au repos de la patrie. — Les députés de la
droite, loin d'être leurs sauveurs comme autrefois,
ne sont plus à leurs yeux que des révolutionnaires.
Il est certain au moins qu'ils sont l'opposition. S'ils
devenaient le pouvoir, ils trouveraient à leur tour

devant eux une opposition formidable et pleine de
périls, qui s'appuierait sur les mille échos de la
presse et sur la majorité de la nation.

Dans ces conditions, qui oserait assumer la res-
ponsabilité de nouvelles aventures ? Le plus sage est
de s'en tenir à ce qui existe, en remerciant la Pro-
vidence de nous avoir retirés du fond de l'abîme, et
en la priant de nous préserver dés dangers dont
nous sommes encore menacés.

DÉCEMBRE 1872

Nous aurions, si mes vœux étaient accomplis :
    Dieu avec la raison,
    La foi avec la lumière,
    La morale avec l'instruction ;
    La liberté sans la licence,
    L'ordre sans l'oppression,
    Le progrès sans révolutions.

LE MÉDECIN

Elle est belle et noble la profession de médecin !
L'art de guérir est l'un des plus utiles de ce monde
d'afflictions. C'est le médecin que le fils invoque
pour son père, que la mère gémissante appelle au
secours de son fils. Il appartient à tous. Il ne s'informe ni de l'opinion, ni de la position de celui qui
a besoin de ses soins. Au chevet du malade, plein
de sollicitude, il examine, il s'informe, il compare ;
il frémit à la pensée d'une erreur.

Il prescrit un régime, écrit une ordonnance, et,
loin du malade, il se recueille ; il cherche ce qui
pourrait être le plus efficace, le plus prompt à la
guérison de celui que, quoique inconnu jusqu'alors,
il considère comme un frère : sa charité n'a pas de
bornes.

Si le malade revient à la santé, son visage s'é-
panouit. Si au contraire il croit son art impuissant,
il s'assombrit, et malgré ses efforts on aperçoit sa

tristesse. — La mort va saisir sa proie, il le sait, mais sa mission bienfaisante n'est pas achevée. A ce moment suprême son regard s'adresse au ciel; il est l'ami, le consolateur de ceux qui sont près du lit de l'agonisant : il prononce le nom de Dieu comme dernière espérance. Dans sa trop courte carrière, il aura été tour à tour le médecin, l'apôtre, l'ange consolateur de l'humanité.

LE SPIRISME

Le spirisme a fait renaître une philosophie dont la métaphysique fait que chez l'homme l'âme est la vie du corps, et l'esprit l'intelligence de l'âme. De là il résulte que l'esprit peut se séparer de l'âme et du corps, sans qu'il y ait cessation de la vie. Ainsi s'expliquerait, sans intervention céleste ou diabolique, la bilocation, les blessures à distance, les phénomènes du somnambulisme, du spirisme, de l'extase et de la catalepsie.

Cette philosophie admet la préexistence de l'esprit de l'homme, esprit rebelle envers son créateur, et qui, avant de rentrer dans sa béatitude primitive, doit subir sur la terre le châtiment de l'union de son immortalité à un corps périssable.

La préexistence admise, le péché originel et beaucoup d'autres mystères s'expliquent aisément. Il y a dans tout cela quelque chose d'ingénieux qui plaît à la raison, mais qui sera longtemps, et peut-être toujours, en désaccord avec l'orthodoxie.

CARACTÈRES

Léger ne serait pas plus mal que le commun des mortels s'il ne se croyait supérieur aux autres. Ce ridicule date de sa jeunesse : il est né de l'idolâtrie de ses parents et des flatteries intéressées de ses maîtres. Selon lui, tout est mal dans le monde : il est en hostilité perpétuelle avec tout ce qui existe. Il ne supporte pas la contradiction, mais il est intolérant pour tout ce qui ne pense pas comme lui. Il veut la liberté, mais il ne reculerait pas devant des moyens extrêmes pour combattre ce qu'il nomme des préjugés ou des erreurs nuisibles. Toutes les armes lui sembleraient bonnes s'il s'agissait du triomphe des chimères de son faible cerveau.

Il veut qu'on lui obéisse, mais il ne supporte aucun frein, pas même celui d'un Dieu qu'il nie parce qu'il ne peut l'égaler. S'il affirme, vous devez croire; s'il nie et que vous discutiez les motifs de sa négation, il se fâche ou vous regarde en pitié. Laissez couler ce torrent. Il ira comme les eaux bienfaisantes se perdre au sein des mers, mais il n'aura produit que désolation sur son passage.

Alfred est la bonté même : aussi a-t-il de nombreux amis dont il reçoit peu et à qui il donne beaucoup. Se fiant aux hommes et à la fortune, il est peu soucieux de l'avenir. Si un jour il est atteint par l'adversité, elle lui semblera d'autant plus dure qu'il ne saura pas que pour l'avoir méritée il suffit souvent de ne l'avoir pas prévue. Plein de probité, il ne doute jamais de la probité d'autrui : l'expé-

rience ne lui a rien appris. Puisse sa vieillesse être
à l'abri du besoin ! Puisse le temps ne rien retran-
cher de ses illusions.

Charles a une foule de qualités ; mais il a un
défaut qui les dépare, la jalousie. Le bonheur
d'autrui l'afflige, et il en soufre d'autant plus qu'il
connaît davantage celui qu'il croit heureux. Cependant, qu'un grand malheur frappe l'homme qu'il
enviait et il le plaindra sincèrement. Il a des larmes
pour l'adversité et des fureurs contre la fortune. Que
de coins obscurs dans le cœur de l'homme! que de
mobiles incompris dans ses sentiments et ses actes !

Zélie est, physiquement, de celles qu'il y a le plus,
ni bien, ni mal; mais elle n'ose sortir seule, se figu-
rant que sa vertu est en péril, et qu'elle est remar-
quée de tout homme qui l'aperçoit dans la rue ; ce
qui lui donne un air de frayeur stupide. Cependant
elle n'est point sotte, elle juge sainement des choses
ordinaires de la vie; mais son exaltation religieuse
ressemble quelquefois à de la démence. Après Dieu,

elle ne connait que son directeur. Qu'il parle au nom
de son salut, ells n'hésitera pas à sacrifier parents,
amis, fortune. Prompte à secourir ceux de sa com-
munion, la misère des autres n'est que le châtiment
mérité de leur persistance à vivre dans l'erreur. Un
acte, mauvais en lui-même, s'il n'est méritoire, est
au moins excusable, s'il a été commis par un
homme vêtu d'un costume religieux : elle ne juge
pas l'arbre d'après le fruit, mais elle juge le fruit
d'après l'arbre.

Ne cherchez pas à la tirer d'un aveuglement qui
la rend heureuse, laissez la vivre et mourir dans sa
douce ignorance.

***

Annette est choyée de tout ce qui l'entoure. Elle
a des domestiques pour la servir, de l'argent à volonté, ses désirs sont des ordres. Entendez-la cependant : sa vie a été un sacrifice continuel; elle a usé
sa santé en prodiguant ses soins aux autres; elle ne
tient du reste à l'existence que parce que, sans elle,
tout serait perdu. Que deviendrait, hélas! son époux,
sa fille; qui dirigerait sa maison, si elle n'était plus?
Elle est bonne au fond, mais elle est très adroite

sous une apparence de bonhommie. Elle donne par
bonté de cœur, et quelquefois par calcul et par orgueil. Si vous l'approuvez, si vous la plaignez, elle
se mettra en quatre pour vous obliger. Mais si vous
n'êtes point de son goût, elle saura vous évincer sans
bruit. Elle a souvent le talent de s'ennuyer et d'ennuyer les autres.

————

Sophie est la femme de ménage par excellence.
Elle est franche jusqu'à la brusquerie, laborieuse
jusqu'à la fatigue, généreuse jusqu'à la prodigalité
ou économe jusqu'à l'avarice : elle a tous les défauts
de ses qualités. Si cela ne lui plaît point, elle ne fera
rien par civilité ou par intérêt. Elle a besoin de peu,
et ne comprend pas qu'on puisse avoir besoin de
plus. D'une santé florissante, elle est peu sensible
aux plaintes de ceux qui souffrent; mais près de
ceux qu'elle croit sérieusement malades, elle est
dévouée jusqu'au sacrifice. Elle n'a eu que quelques
affections en sa vie, mais elles ont été fortes et sin-
cères. Elle tient à son logement, à ses vêtements
les plus simples, à ses modestes habitudes. Ne lui
demandez pas d'en rien sacrifier, c'est sa félicité, et

la seule pensée qu'on pourrait y toucher serait son désespoir.

Simon a quitté Paris avant le siège. Rien ne lui a manqué en province, mais il a beaucoup plus souffert que ceux qui ont été bomdardés, affamés, etc. Quoi de comparable à l'inquiétude qu'il a éprouvée sur ses parents, sur ses amis et pour ses meubles? Aussi est-il resté à Paris pendant la Commune. Il a vaillamment défendu son foyer. Il était armé jusqu'au dents, et quiconque eût osé l'attaquer eut payé de sa vie. Il s'est exposé à mille morts pour protéger les faibles. Sans lui il ne resterait que des ruines dans la capitale, et les troupes de Versailles auraient été vaincues. La révolte n'aurait pas résisté vingt-quatre heures si les honnêtes gens avaient eu un peu de son énergie. Quelques-uns prétendent cependant qu'on a retrouvé son fusil dans la fossé de sa maison et qu'il n'a pas bougé de sa cave.

Tous les partis ont une multitude de ces braves après coup. Non-seulement on n'a jamais figuré parmi les vaincus, mais on n'a pour eux ni assez de mépris, ni assez d'injures. Que la fortune cependant leur soit favorable, on se fera gloire d'avoir toujours été des leurs. Pauvre humanité!

———————

Alexis n'est chez lui que pour dormir. Il passe la journée à la Bourse, au Collége de France, au Palais, à Notre-Dame, au bois de Boulogne, sur les boulevards, partout où il y a quelque chose à voir ou à entendre. Il dîne toujours en ville, et paie son dîner en nouvelles et anecdotes qu'il dit fort bien, et en compliments à l'adresse de la dame du logis. On l'écoute avec plaisir et l'on est heureux de l'avoir à sa table. Il parle peu de lui, mais beaucoup des autres. Il sait d'avance ce que décidera la Chambre, par qui sera remplacé tel ministre, qui se chargera de tel emprunt. C'est une chronique ambulante de Paris, parfois un peu mordante et passablement scandaleuse. Qu'importe! il sait plaire, et parce qu'il plaît, il dîne; c'est tout ce qu'il veut. Cependant s'il charme ses amphitryons et leurs convives, il est l'objet de la critique de ceux qui les servent. Il ne leur donne rien, et la moindre monnaie leur serait plus agréable que ses plus belles historiettes.

———————

Lise s'est attirée beaucoup de désagréments par sa langue, mais à tout prix il faut qu'elle parle. C'est chez elle qu'on porte et qu'on va chercher les nouvelles du quartier. Jacques, son mari, d'une humeur opposée, a été surnommé par elle, le taciturne. Il a toujours peur de se compromettre et d'avoir trop parlé. S'il vous rencontre et qu'en vous saluant il ait dit : il fera beau aujourd'hui, il se le reproche aussitôt : Malheureux ! il fera beau. Qu'en sais-tu ? Et s'il pleut ! on se moquera de toi et de ta prophétie, et on aura raison. Quelle fâcheuse influence ta femme exerce sur toi ! Rentré chez lui, si sa femme est avec une commère du voisinage, au lieu de lui dire : tais-toi ! il la pousse du pied, la pince au bras. Qu'as-tu donc? dit Lise. — Mais rien. — Rien, pourquoi me pinces-tu ? Et le pauvre Jacques de rougir jusque dans le blanc des yeux. La commère partie, une discussion s'élève entre les deux époux : Tu devrais vivre au fond des bois, tu es un vrai loup ! — Tu n'es qu'une bavarde? Et voilà que Lise, qui parlait trop, ne parle pas assez, elle boude. Mais, hélas ! qui a bu boira : à la première occasion, Lise se met à médire de plus belle.

MAXIMES ET PENSÉES

TIRÉES DES LIVRES SACRÉS ET PROFANES

RECUEIL DÉDIÉ A LA JEUNESSE

JEUNES GENS,

L'opuscule que je vous dédie est mon Vade mecum. Qu'il soit aussi le vôtre. C'est la sagesse des siècles. C'est en la mettant en pratique qu'on obtient le bonheur pour soi et qu'on est la joie de ceux qui nous entourent.

E. BRICON.

Décembre 1872.

MAXIMES ET PENSÉES

LES PROVERBES

Partout où entre l'orgueil, l'insulte suit de près.

La sagesse habite avec les humbles.

L'homme prudent cache sa science; le cœur de l'insensé publie sa folie.

Une douce réponse apaise la colère; une parole dure provoque la fureur.

La sagesse de l'homme retient sa colère, et sa gloire est d'oublier l'injure.

Un nom pur vaut mieux qu'une grande opulence.

Ne te glorifie point pour le lendemain, car tu ne sais ce qu'amènera le jour à venir.

L'ECCLÉSIASTE

Tout est vanité.

Qu'est-ce qui a été ? Ce qui sera. Qu'est-ce qui a été fait ? Ce qui sera fait. Rien de nouveau sous le soleil.

La persécution éprouve l'homme sage, et les présents corrompent l'insensé.

LA SAGESSE

C'est la prudence qui est la vieillesse de l'homme et qui le rend vénérable.

La vie sans tache est une longue vie.

Les pensées des hommes sont timides, et nos prévoyances incertaines.

Le corps, qui se corrompt, appesantit l'âme.

L'ECCÉSIASTIQUE

Toute sagesse vient de Dieu.

Ne sois pas hypocrite en présence des hommes, et que tes lèvres ne scandalisent pas.

Celui qui honore son père sera réjoui dans son fils, il sera exaucé au jour de sa prière.

Ne méprise pas celui qui a faim, et n'afflige pas le pauvre dans son indigence.

Emploie le temps et évite le mal.

Que ta main ne soit point ouverte pour recevoir, et fermée pour donner.

Fais égale justice aux petits et aux grands.

Eloigne-toi du pervers, et le péché s'éloignera de toi.

La richesse est inutile à l'homme avide et avare, et que fait l'or à l'envieux ?

Rien n'est pire que celui qui se refuse le nécessaire ; c'est là la peine de sa malice.

Souviens-toi de ton dernier jour, et cesse de haïr.

Il n'est point de richesse plus grande que la santé du corps ; il n'est point de plaisir au-dessus de la joie du cœur.

Ne livre pas ton âme à la tristesse, et ne t'afflige pas toi-même en tes pensées.

L'envie et la colère abrégent les jours, et l'inquiétude amène la vieillesse avant le temps.

On ne tient pas compte des années de la vie parmi les morts.

La bonne vie n'a qu'un nombre de jours ; mais la bonne réputation demeure éternellement.

On pleure un mort pendant sept jours ; mais l'insensé et le méchant doivent être pleurés tous les jours de leur vie.

Ne considère pas une jeune fille, de peur que tu ne trouve ta ruine en sa beauté.

Garde-toi du mensonge, car l'habitude du mensonge est funeste.

L'IMITATION DE N. S. J.-C.

C'est une vraie folie d'amasser des biens périssables et d'y mettre toute sa confiance.

C'en est une aussi que d'aimer l'honneur mondain, et de vouloir s'élever au-dessus des autres.

C'en est une que de souhaiter de vivre longtemps et de négliger de bien vivre.

Notre raison et nos sens voient peu et nous trompent souvent.

La mesure de la véritable grandeur est la charité.

Notre faiblesse est si grande que nous sommes

beaucoup plus portés, envers notre prochain, à en croire et à en dire le mal que le bien.

C'est de la sagesse de ne pas croire à tous les bruits qui courent, et de ne pas les rapporter aux autres.

Les superbes et les avares ne sont jamais en repos; la paix est aux pauvres en esprit et aux humbles de cœur.

Nous nous imaginons quelquefois plaire aux autres par nos assiduités ; et c'est plutôt alors que nous commençons à leur déplaire par les défauts qu'ils découvrent en nous.

Beaucoup ont été trompés en pensant que le changement de demeure leur donnerait la paix du cœur.

Il est dur de renoncer à ses habitudes, et plus dur encore de courber sa propre volonté.

Le feu épure le fer, et la tentation l'homme juste.

Nous ne savons souvent ce que nous pouvons, mais la tentation montre ce que nous sommes.

Tournez-vous sur vous-même, et gardez-vous de juger les actions des autres.

Appliquez-vous à supporter patiemment les défauts et les infirmités des autres, parce qu'il y a aussi en vous bien des choses que les autres ont à supporter.

Si vous ne pouvez vous rendre tel que vous voudriez être, comment ferez-vous que les autres deviennent tels que vous le voulez?

Il est plus aisé de se taire que de ne point trop parler.

C'est dans l'adversité qu'on voit le mieux ce que chacun a de vertu, car les occasions ne rendent pas l'homme fragile, mais elles montrent ce qu'il est.

On est sorti dans la joie, et souvent on revient dans la tristesse, et la veille joyeuse du soir attriste le lendemain.

Toute joie des sens s'insinue avec douceur, mais à la fin elle blesse et tue.

Combattez généreusement : on triomphe d'une habitude par une autre habitude.

Si vous savez laisser les hommes, ils vous laisseront bientôt faire ce que vous voudrez.

Combien est sage et heureux celui qui cherche pendant la vie à se rendre tel qu'il désire être à la mort.

Soyez doux et patient... priez pour vos ennemis,

pardonnez-leur, et réconciliez-vous avec ceux que vous avez offensés ; soyez plus porté à la miséricorde qu'à la vengeance; combattez afin d'assujétir la chair à l'esprit.

Evitez les fautes que vous remarquez et que vous blâmez chez les autres.

Sachez que l'on observe autant vos actions que vous observez celles des autres.

Passez utilement votre journée, et vous serez heureux le soir.

Il ne faut pas trop s'appuyer sur un homme fragile et mortel.

Vos amis d'aujourd'hui, demain seront vos ennemis, et vos ennemis seront vos amis. Les hommes changent comme le vent.

Conservez-vous dans la paix, et alors vous pourrez la donner aux autres.

Le pacifique est plus utile que le savant.

L'homme aveuglé par quelque passion empoisonne tout, et croit toujours plus facilement le mal que le bien. Un esprit doux et modéré interprète tout en bonne part.

Si vous avez du zèle, excercez-le d'abord sur vous-même, ensuite vous l'exercerez sur les autres.

Vous qui savez si bien colorer vos fautes, vous n'avez point encore appris à excuser celles du prochain.

La gloire d'un homme de bien est dans le témoignage de sa conscience.

La gloire qui vient des hommes passe vite.

Soyez indifférent au blâme et à la louange, et vous serez tranquille et heureux.

Vous n'êtes pas plus saint parce qu'on vous loue, ni plus imparfait parce qu'on vous blâme.

Si vos amis vous abandonnent, consolez-vous par la pensée de la séparation de la mort.

Pourquoi aimer le repos, puisque nous sommes nés pour le travail ?

Tout le monde loue la patience, mais il est rare qu'on la mette en pratique.

Ceux qui croient tout savoir n'écoutent pas volontiers les autres.

Il vaut mieux être humble avec un esprit et des lumières bornées que de posséder des trésors de science et de se complaire en soi-même.

La pauvreté qui vous humilie est un plus grand bien que les richesses qui vous rendent orgueilleux.

... L'envie torture le cœur.

Toute consolation humaine est vide et dure peu.

La douce, la vraie consolation est celle que la vérité fait sentir intérieurement.

N'espérez pas de récompense, si vous refusez de souffrir.

Ce qui fait qu'on s'attache à la vie, c'est l'envie qu'on a, l'un de satisfaire sa sensualité, l'autre d'assouvir son avarice, l'autre de contenter son orgueil et son ambition. Ce qui en cause le dégoût, ce sont les peines que ces fausses jouissances traînent après elles.

Quoi de plus insensé et de plus vain que de se réjouir ou de s'affliger de choses futures qui n'arriveront peut-être jamais.

Les fruits d'une bonne vie ne croissent que dans un cœur pur.

Il se dit beaucoup de choses en l'air auxquelles il ne faut guère ajouter foi. D'ailleurs il est impossible de contenter tout le monde.

Souvent on désire une chose, et à peine si on la possède que déjà on s'en dégoûte.

L'abnégation de soi-même est la mesure du progrès de la vertu.

Parce que vous êtes dans l'opprobre, ne vous affligez point de voir les autres dans l'élévation.

Il faut vous résoudre à faire souvent ce que vous ne voulez pas, et à ne pas faire ce que vous voulez.

Ce que les autres entreprennent leur réussira; et ce que vous entreprenez ne réussira point.—On estimera ce que les autres diront, et quoique vous disiez on s'en moquera. — On accordera aux autres tout ce qu'ils demanderont, et vous aurez beau demander, vous n'obtiendrez rien. — On louera hautement les autres, et on ne parlera point de vous. — On donnera aux autres de grands emplois, et on ne vous jugera capable de rien. —La nature a bien de la peine à supporter tout cela, et c'est beaucoup quand elle n'en murmure point.

Ce sont là pourtant les épreuves ordinaires des gens de bien.

Quiconque a vaincu l'amour-propre a coupé la racine de tous les vices. Le fruit de sa victoire est une paix que rien ne saurait troubler.

Vous donnez de forts bons avis aux autres, et vous savez les encourager dans leurs afflictions, mais pour vous-même, vous manquez de conseil et de force.

Entendez sans vous fâcher les railleries et les médisances qui vous touchent.

Préparez-vous à souffrir : ne vous désespérez pas parce que vous avez des afflictions et des tentations. Vous êtes homme et non pas Dieu ; vous êtes chair et non pas esprit.

LES VÉDAS

Quand le sage meurt au monde, il est absorbé dans la nature incorporelle de Dieu.

Servez-vous les uns les autres, et vous parviendrez à la félicité.

Celui qui ne prépare les aliments que pour lui mange le pain du péché.

Le sage est sauvé par ses œuvres, les autres seront retardés.

Combats ton ennemi, qui prend la forme du désir.

Après la mort, le bien va au bien, le mal au mal ; mais l'homme existe sous d'autres formes jusqu'à ce qu'il soit régénéré tout entier dans le bien.

La vie n'est qu'une puissante faculté de douleurs.

HORACE

Heureux mille fois qui sait aimer la médiocrité, plus précieuse que l'or.

Les pins qui touchent les cieux sont les plus exposés à la fureur des vents.

Un cœur préparé par la sagesse espère, dans l'adversité, un retour de la fortune : il en craint les caprices au sein de sa prospérité.

Qu'une paille vous entre dans l'œil, vous l'ôtez sur-le-champ; qu'un vice ait porté la gangrène dans votre âme, vous en remettez la guérison à l'autre année.

Quand on a ce qui suffit, pourquoi désirer davantage ?

Une maison, une terre, un trésor n'a jamais guéri personne de la fièvre ni du chagrin. Il faut être sain de corps et d'esprit si l'on veut jouir véritablement de ce qu'on possède. Si le vase n'est pur, tout ce qu'on y verse s'aigrit.

La vie est un mal quand elle coûte un seul regret.

L'avare est toujours indigent.

Sachez mettre des bornes à vos désirs.

L'envieux maigrit de l'embonpoint d'autrui.

La colère est un accès de frénésie.

Rien n'étonne l'homme juste constant; rien n'ébranle sa vertu solide. Que le monde entier s'écroule sur sa tête, les débris du monde le frapperont sans l'intimider.

Un trésor, à mesure qu'il augmente, amène les soucis et accroît la cupidité.

Plus on se refuse à soi-même, plus on obtient des dieux.

J'agrandis mon petit domaine en resserrant mes désirs.

Le sage cesserait d'être sage, et le juste d'être juste, s'il portait trop loin l'amour même de la vertu.

Nous nous fatiguons beaucoup à ne rien faire.

On n'est point pauvre quand on a de quoi fournir à ses besoins.

Quand on a des désirs, on a aussi des craintes, et quand on vit dans la crainte on n'est point libre.

Le flatteur est aussi différent de l'ami que l'est une courtisane d'une honnête mère de famille.

Évitez un homme curieux; à coup sûr il est indiscret.

Cultiver les grands paraît doux à qui n'en a pas essayé ; mais l'épreuve détrompe bientôt.

Le badinage amène les querelles.

On apprend plus vite et l'on se rappelle plus volontiers ce qu'on trouve ridicule que ce qu'on admire.

Il n'y a point de jouissance perpétuelle.

Ne faites point l'éloge de vos goûts en blâmant ceux des autres.

Le vrai moyen de diminuer les inquiétudes de l'âme, c'est d'être bien avec soi-même.

J'attends des Dieux la vie, les biens, et de moi seul l'art d'être content.

TACITE

Les amours de la foule durent peu et portent malheur.

MONTAIGNE

La sagesse a ses excès et n'a pas moins besoin de modération que la folie.

Les *naturels sanguinaires* à l'endroit des bêtes témoignent une propension à la cruauté.

Chacun pèse sur le péché de son compagnon et élève le sien.

L'indigence se voit autant chez ceux qui ont des biens que chez ceux qui n'en ont point; qu'elle soit seule ou accompagnée de richesses, elle n'est pas moins incommode.

Qui craint de souffrir souffre déjà de ce qu'il craint.

PASCAL

C'est la pensée qui fait l'être de l'homme. Qu'est-ce qui sent du plaisir en nous? Est-ce la main? Est-ce le bras? Est-ce la chair? Est-ce le sang? On verra qu'il faut que ce soit quelque chose d'immatériel.

Il est dangereux de trop faire voir à l'homme combien il est égal aux bêtes, sans lui montrer sa grandeur. Il est encore dangereux de lui faire trop voir sa grandeur sans sa bassesse. Il est encore plus dangereux de lui laisser ignorer l'un et l'autre; mais il est très avantageux de lui représenter l'un et l'autre, et qu'il s'estime son prix.

On veut être grand, et on se voit petit; on veut être heureux, et on se voit misérable; on veut être parfait et on se voit plein d'imperfections; on veut être l'objet de l'estime des hommes, et on voit que nos défauts ne méritent que leur aversion et leur mépris.

On ne voit presque rien de juste et d'injuste qui ne change de qualité en changeant de climat.

Les hommes n'ayant pu guérir la mort, la misère, l'ignorance, se sont avisés, pour se rendre heureux, de ne point y penser; c'est tout ce qu'ils ont pu inventer pour se guérir de tant de maux.

L'opinion est comme la reine du monde, mais la force en est le tyran.

Toutes les bonnes maximes sont dans le monde, on ne manque qu'à les appliquer.

Les belles actions cachées sont les plus estimables.

Peu de chose nous console, parce que peu de chose nous afflige.

Voulez-vous qu'on dise du bien de vous? N'en dites point.

Si l'homme n'est pas fait pour Dieu, pourquoi

n'est-il heureux qu'en Dieu? S'il est fait pour Dieu, pourquoi est-il contraire à Dieu?

La dernière démarche de la raison, c'est de reconnaître qu'il y a une infinité de choses qui la surpassent. Elle est bien faible si elle ne va jusque-là.

Le cœur a ses raisons que la raison ne connaît pas; on le sent en mille manières.

Il faut tâcher de ne s'affliger de rien, et de prendre tout ce qui arrive pour le meilleur.

On se corrige quelquefois mieux par la vue du mal que par l'exemple du bien.

LAROCHEFOUCAULD

L'amour-propre est le plus grand de tous les flatteurs.

Il est plus honteux de se défier de ses amis que d'en être trompé.

Tout le monde se plaint de sa mémoire, et personne ne se plaint de son jugement.

On ne donne rien si libéralement que ses conseils.

On ne loue d'ordinaire que pour être loué.

Les vertus se perdent dans l'intérêt, comme les fleuves se perdent dans la mer.

L'hypocrisie est un hommage que le vice rend à la vertu.

C'est une grande folie que de vouloir être sage tout seul.

Nous ne trouvons guère de gens de bon sens que ceux qui sont de notre avis.

Ce qui nous rend la vanité des autres insupportable, c'est qu'elle blesse la nôtre.

On ne souhaite jamais ardemment ce qu'on ne souhaite que par raison.

Il y a encore plus de gens sans intérêt que de gens sans envie.

LA BRUYÈRE

Le plaisir de la critique nous ôte celui d'être touché de très belles choses.

S'il est ordinaire d'être touché des choses rares, pourquoi le sommes-nous si peu de la vertu?

L'on est plus sociable et d'un meilleur commerce par le cœur que par l'esprit.

La moquerie est souvent indigente d'esprit.

Toute révélation d'un secret est la faute de celui qui l'a confié.

S'il est vrai que l'on soit riche de tout ce dont on n'a pas besoin, un homme fort riche, c'est un homme qui est sage.

S'il est vrai que l'on soit pauvre de toutes les choses que l'on désire, l'ambitieux et l'avare languissent dans une extrême pauvreté.

L'esclave n'a qu'un maître; l'ambitieux en a autant qu'il y a de gens utiles à sa fortune.

Les fourbes croient aisément que les autres le sont.

Il n'y a rien que les hommes aiment mieux à conserver, et qu'ils ménagent moins, que leur propre vie.

Il n'y a pour l'homme que trois événements, naître, vivre et mourir : il ne se sent pas naître, il souffre à mourir, et il oublie de vivre.

La plupart des hommes emploient la première partie de la vie à rendre l'autre misérable.

C'est une grande difformité dans la nature qu'un vieillard amoureux.

L'impossibilité de prouver que Dieu n'est pas me découvre son existence.

VAUVENARGUES

Le respect est le sentiment de la supériorité d'autrui.

La probité est un attachement à toutes les vertus civiles.

La droiture est une habitude des sentiers de la vertu.

La noblesse est la préférence de l'honneur à l'intérêt ; la bassesse, la préférence de l'intérêt à l'honneur.

L'intérêt est la fin de l'amour-propre ; la générosité en est le sacrifice.

La sagesse est la connaissance et l'affection du vrai bien ; l'humilité, un sentiment de notre bassesse devant Dieu ; la charité, un zèle de religion pour le prochain ; la grâce, une impulsion surnaturelle vers le bien.

Il n'y a guère de gens plus aigres que ceux qui sont doux par intérêt.

Les grandes pensées viennent du cœur.

LAFONTAINE

Tout flatteur vit aux dépens de celui qui l'écoute.

Il n'est pas toujours bon d'avoir un haut emploi.

On a souvent besoin d'un plus petit que soi.

On ne peut contenter tout le monde et son père.

En toute chose il faut voir la fin.

Deux sûretés valent mieux qu'une.

Il n'est, pour voir, que l'œil du maître.

Un tiens vaut mieux que deux tu l'auras.

Plus fait douceur que violence.

Aide-toi, le ciel t'aidera.

La sagesse est un trésor qui n'embarrasse point.

Chaque jour amène son pain.

Rien ne pèse tant qu'un secret.

Travaillez ; c'est le fonds qui manque le moins.

Aucun chemin de fleurs ne conduit à la gloire.

De tout inconnu le sage se méfie.

Ne t'attends qu'à toi seul.

La raison du plus fort est toujours la meilleure.

FLORIAN

Se soumettre aux dieux, c'est les prier.

AUBERT

L'amitié disparaît où l'égalité cesse.

BOISARD

L'abus que nous détestons,
Nous ne le voyons plus quand nous en profitons.

GELLERT

Sachez souffrir des maux légers, ou l'impatience
vous en attirera de plus graves.

LAMARTINE

On ne fait pas, en trois heures, du sang et du
feu, éclore des mondes nouveaux : ils naissent de
la législation lente et de l'enfantement laborieux des
siècles.

Le style est la physionomie de la pensée.

E. BRICON

Les événements trompent toutes les prévisions humaines.

L'homme d'opposition ne peut ressembler à l'homme du pouvoir : les révolutions n'ont besoin que de passions, une froide raison est nécessaire à ceux qui gouvernent.

Il y a beaucoup de belles théories dont l'application est impossible.

Celui qui ne pense qu'à ses devoirs est plus estimable que celui qui ne pense qu'à ses droits.

Le juste trouve sa force en Dieu ; elle n'a rien à redouter des hommes.

La prière est le baume de la douleur : celui qui prie espère.

Il n'y a de malheurs irréparables, il n'y a de douleurs éternelles que pour ceux qui ne croient point en Dieu. Montons au sommet du calvaire, nous y apprendrons que plus les croix sont grandes plus elles rapprochent du ciel.

Seigneur, vous avez brisé mon cœur ; vous m'avez

affligé jusqu'au fond de mes entrailles de père, et
j'attends avec confiance et résignation le jour de
vos miséricordes.

JANVIER 1870

Les rois étaient tombés ! la France, en république,
Avait pour le pouvoir un culte fanatique.
Cent projets généreux germaient dans son cerveau,
Le bonheur y naissait pour un monde nouveau.
Douce erreur, noble espoir d'un beau rêve impossible !
Le présent était sombre et l'avenir horrible :
Les partis se heurtant répandaient la terreur,
Et l'on osait à peine espérer un sauveur.
Un prince cependant, qui tenait sa puissance
D'un nom qui fut la gloire et l'orgueil de la France,
Au nom de l'ordre osa fouler aux pieds les lois :
Au trône il dit avoir d'incontestables droits.
Surpris de son audace, on crut à son génie ;
La paix de la patrie à ses destins unie,
De son crime aisément il obtint le pardon,
Et du pouvoir suprême on lui fit l'abandon.

Dès lors il gouverna longtemps avec sagesse :
Tout lui semblait soumis, la force et la faiblesse,
Et la loi dominante était sa volonté.
Le peuple était heureux, privé de liberté.
Mais ce peuple, aujourd'hui, las de la servitude,
Turbulant, inconstant, veut changer d'habitude ;
Il veut la liberté : saura-t-il la garder ?
A ses vœux, sans regrets, l'état semble céder.
Puisse la liberté, dont j'ai pleuré l'absence,
Belle et douce pour tous, n'être pas la licence !
Puissions-nous, tous unis par des liens d'amour,
L'aimer sans égoïsme et bénir son retour !

A MON CONDISCIPLE ET AMI G. PAUTHIER

Nous avons, cher Pauthier, à peu près le même âge.
Pour un monde meilleur quand tu seras parti,
Je ferai mon paquet pour le même voyage,
Et sans trop murmurer j'en prendrai mon parti.
J'ai déjà de longs jours ; tous mes cheveux blanchissent ;
De mes meilleures dents j'ai perdu la moitié ;

Ma fraîcheur disparaît, mes regards s'affaiblissent,
Et le temps, en détail, m'emporte sans pitié.
L'homme sent, le cœur aime aux jours d'adolescence ;
C'est alors que la vie apparaît comme un bien.
On redoute la mort tant qu'on a l'espérance :
Moi, je n'espère plus, et ne redoute rien !
Si je ne trouve pas au-delà de la vie
La chimère qu'ici l'on nomme le bonheur,
Dont j'ai cent fois perdu la trace en vain suivie,
J'y trouverai du moins un terme à la douleur.

Versailles. — Imp. E. Aubert.

www.ingramcontent.com/pod-product-compliance
Lightning Source LLC
Chambersburg PA
CBHW070936280326
41934CB00009B/1894